BEI GRIN MACHT SICH IHR WISSEN BEZAHLT

- Wir veröffentlichen Ihre Hausarbeit, Bachelor- und Masterarbeit

- Ihr eigenes eBook und Buch - weltweit in allen wichtigen Shops

- Verdienen Sie an jedem Verkauf

Jetzt bei www.GRIN.com hochladen und kostenlos publizieren

Carsten Freitag

Chancengleichheit und Chancengerechtigkeit. Abbau von Ungleichheit?

Zum Beitrag von Jens-Rainer Ahrens "Gesinnungs- und verantwortungs-ethische Dimensionen der Bildungspolitik"

GRIN Verlag

Bibliografische Information der Deutschen Nationalbibliothek:

Die Deutsche Bibliothek verzeichnet diese Publikation in der Deutschen National-
bibliografie; detaillierte bibliografische Daten sind im Internet über http://dnb.d-
nb.de/ abrufbar.

Impressum:

Copyright © 2002 GRIN Verlag GmbH
Druck und Bindung: Books on Demand GmbH, Norderstedt Germany
ISBN: 978-3-640-88558-9

Dieses Buch bei GRIN:

http://www.grin.com/de/e-book/44203/chancengleichheit-und-chancengerechtigkeit-
abbau-von-ungleichheit

GRIN - Your knowledge has value

Der GRIN Verlag publiziert seit 1998 wissenschaftliche Arbeiten von Studenten, Hochschullehrern und anderen Akademikern als eBook und gedrucktes Buch. Die Verlagswebsite www.grin.com ist die ideale Plattform zur Veröffentlichung von Hausarbeiten, Abschlussarbeiten, wissenschaftlichen Aufsätzen, Dissertationen und Fachbüchern.

Besuchen Sie uns im Internet:

http://www.grin.com/

http://www.facebook.com/grincom

http://www.twitter.com/grin_com

Carsten Freitag
Politikwissenschaften
Jahrgang 2000

Chancengleichheit und Chancengerechtigkeit.

Abbau von Ungleichheit?

Gesinnungs- und verantwortungsethische

Dimensionen der Bildungspolitik.

Literaturbericht

Soziologie des Bildungswesens I

23.534

1. Einleitung und Fragestellung

Dieser Literaturbericht befasst sich mit dem Beitrag von Jens-Rainer Ahrens „Gesinnungs- und verantwortungsethische Dimensionen der Bildungspolitik. Zur anhaltenden Struktur einer anhaltenden Kontroverse", veröffentlicht im Sammelband von Anton Sterbling „Zeitgeist und Widerspruch" in Hamburg 1993. Der Beitrag beschäftigt sich mit dem Spannungsfeld zwischen den Begriffen Chancengleichheit und Chancengerechtigkeit und analysiert theoretisch deren ethische Dimensionen. Dazu nutzt der Autor Max Webers Instrumentarium, um sich den Begriffen und ihrem Inhalt zu nähern.

Ziel dieses Literaturberichtes ist es die Schwerpunkte in der Argumentation des Autors aufzuzeigen und am Schluss einen kurzen Ausblick auf die realen Folgen der Ergebnisse zu werfen. Hierzu teilt sich der Hauptteil in vier Abschnitte. Der erste Abschnitt befasst sich mit dem angelegten analytischen Rahmen, der zweite erläutert die Grundlagen und Ziele für die beiden Orientierungsmuster Chancengleichheit und Chancengerechtigkeit. Der dritte Abschnitt befasst sich mit den Konzeptionen von Bildungsfähigkeit, die den Mustern innewohnen und der vierte Abschnitt mit den rationalen Folgen für realen Positionen.

Bevor die Schwerpunkte des Gedankengangs aufgezeigt werden sollen, ist es sinnvoll die Ausgangslage zu erklären und einzuordnen. Dazu wird hier nun kurz der politische Vorlauf innerhalb der Parteienlandschaft skizziert, um die realen Bezüge der Überlegungen zu verdeutlichen.

Die CDU/CSU fordert Chancengerechtigkeit, da man von einer weitgehenden genetischen Vorprägung des Menschen ausgeht. Die daraus resultierende Unterschiedlichkeit der Menschen führt zur Forderung nach einem gegliederten Schulsystem. Zu diesem soll es einen gerechten Zugang geben und nachteilige Vorbedingungen ausgeglichen werden. Die Bildungspolitik hat einen hohen Stellenwert, soll jedoch nicht zu einer Umgestaltung der Gesellschaft genutzt werden. So sind die eigenen bildungspolitischen Konzeptionen eher auf eine Bewahrung des gesellschaftlichen Status Quo ausgelegt. Aufgrund der konservativen, statischen Grundhaltung legen CDU/CSU Wert auf Ziele wie „Würde und Freiheit erkennen, Selbstbeherrschung und Toleranz üben, Rücksicht nehmen, Interessen

4

zurückstellen, den Rechtsstaat bejahen."[1] Dies wird, auf Basis der eigenen Verfassungsinterpretation, legitimatorisch eng an die Verfassungen gebunden.

Chancengleichheit ist die Forderung der SPD, so soll es eine Gesellschaft gleicher Chancen geben. Dies soll jedoch nicht im Sinne gleicher Menschen verstanden werden. Weiterhin wird mehr Möglichkeit zur Mitbestimmung im Bildungssektor eingefordert. Die Bildungseinrichtungen dürften nicht nur als Zulieferer der Wirtschaft betrachtet werden, sie haben vielmehr ebenso gesellschaftliche, politische und individuelle Funktionen zu erfüllen. Schule soll nach Ansicht der SPD zu konstruktiv-kritischer Analyse befähigen, auf Lebenssituationen vorbereiten, sowie zu Freiheit und Demokratie befähigen. Verglichen mit der konservativen Position sind diese Ziele insgesamt offener und weniger auf Systemerhalt angelegt.

Im Grundverständnis ist die Position der FDP der SPD-Position nahegelegen. Chancengleichheit im Bildungssektor wird als Vorraussetzung für Menschenwürde, politische Mündigkeit, Selbstbestimmung und möglichst große Freiheit gesehen. Jedoch wird vor allem der liberale Leistungsgedanke und individuelle Initiative viel stärker betont.[2] „Ziel liberaler Bildungspolitik sei die Entfaltung der rationalen, schöpferischen und sozialen Kräfte des Kindes durch eine ‚angstfreie Schule'".[3]

2. Hauptteil

2.1 Erläuterung des analytischen Rahmens

Zur Analyse der ethischen Dimensionen nutzt der Autor Max Webers die Begriffe Gesinnungsethik, welche absolute Ethik ist, da sie praktische Konsequenzen nicht berücksichtigt. Sowie Verantwortungsethik, die Wirkungen von Entscheidungen mit einbezieht und verarbeitet. Die Spannung zwischen beiden Begriffen wirft weitere Fragen auf, erstens ob der Zweck die Mittel heiligt und zweitens wie es mit der Handlungsabsicht bestellt ist.[4] Diese Absicht des Handelns teilt Weber in vier Kategorien ein. Zweckrational ist die Umsetzung eigener Ziele unter Beachtung der

[1] Lutz-Rainer Reuther/Bernhard Muszynski (Hrsg.): Bildungspolitik: Dokumentation und Analyse, Opladen 1980, S. 24
[2] Ausführlicher bei: Ebd., S. 22 ff.
[3] Ebd., S. 25
[4] Vgl. Jens-Rainer Ahrens: Gesinnungs- und verantwortungsethische Dimensionen der Bildungspolitik. Zur normativen Struktur einer anhaltenden Kontroverse in: Sterbling, Anton (Hrsg.): Zeitgeist und Widerspruch, Hamburg 1993, S. 195

Umwelt, wertrational wenn sich das Verhalten nur am Wert des Ziels orientiert. Dazu können Emotionalität (affektiv) und Traditionalität treten.[5]

Beim Gebrauch dieser Kategorien darf nicht aus dem Auge gelassen werden, dass Max Weber mit Idealtypen arbeitete, die so in der Realität nicht vorkommen, sich also empirisch nicht nachweisen lassen. Die Kategorien sind dennoch nützlich, um das Politikfeld Bildungspolitik zu entwirren und durchgängige rote Fäden herauszufiltern.[6]

2.2 Grundlagen, Ziele und Orientierungsmuster

Die Diskussion um die Bildungspolitik wird im wesentlichen getragen von zwei eher gegensätzlichen Lagern und bezieht sich auf inhaltliche und erzieherische Aspekte des Schulsystems.

Gesellschaftliche Ungleichheit wird von beiden Positionen angenommen, bezogen auf den Einzelnen sowie resultierend aus der sozialen Struktur der Gesellschaft. Dies bedingt unterschiedliche Chancen des einzelnen im deutschen Bildungssystem. Die beiden Lager wählen nun unterschiedliche Ansätze mit dieser Realität umzugehen. Während die SPD aus der Verfassung den Sozialstaat ableitet, bezieht sich die CDU auf den Rechtsstaat, um damit ihre ablehnende Haltung zu weitreichenden Veränderungen zu begründen. Dementsprechend verficht die SPD die Idee der Chancengleichheit, um damit die aus der sozialen Struktur herrührenden Benachteiligungen im gesamten Bildungssystem wettzumachen. CDU und FDP wollen Chancengerechtigkeit verwirklichen, gemäß des Leistungsprinzips und der Rechtsstaatlichkeit. Für eine Unterstützungsleistung wird im Gegenzug ebenfalls Leistung erwartet, die Hilfe soll dann der eigenen Leistung entsprechen. Man erwartet nur einen Anschub geben zu müssen für eine Leistung, die sich dann selber weiterentwickelt.[7] „Es stehen einander gegenüber das ‚Paradigma I: Gleichheit/Demokratisierung' und das ‚Paradigma II: Organisierte Ungleichheit'".[8]

Nun stellt sich die Frage nach der ethischen Fundierung dieser Muster, sind sie überhaupt fundiert, wenn ja in welche Richtung gehen sie?

Chancengleichheit als Gleichheitsrecht kann aus dem Naturrecht abgeleitet werden, wie die Sozialrechte. „Der Geist der Brüderlichkeit"[9] kann als Mutter der Sozialrechte

[5] Vgl. Ebd., S. 195-196
[6] Vgl. Ebd., S. 196-197
[7] Vgl. Ebd., S. 197 ff.
[8] Ebd., S. 199
[9] Ebd., S. 200

betrachtet werden. Als Ausdruck eines Idealismus liegt hier eine gesinnungsethische Begründung.

Max Webers vollkommene Gesinnungsethik kann mitunter zu Problemen mit anderen ethischen Prinzipien führen. Weber selbst „nennt als Beispiel die Idee der kompromißlosen Umsetzung von Imperativen der Bergpredigt."[10] Uneingeschränkter Bildungszugang aller, wie ihn die Chancengleichheit fordert, produziert diese Kollision jedoch nicht. Dies führt tendenziell eher zu einer Überregulierung, in Form von Verrechtlichung, sowie zu einer Bildungspflicht.

In den Verfassungen kommen wertrationale als auch zweckrationale Ziele zum Ausdruck, es kann hier zu einer Verschiebung zwischen den Rationalitäten kommen. Die Forderung ‚Bildung für alle', die gesinnungsethische Grundlagen hat, muss nicht nur wertrational sein. Tugenden wie Ordnung können rational als eigennützig, nicht um ihrer selbst willen, verwirklicht werden.[11]

Das andere Lager der Chancengerechtigkeit betont seit jeher die fundamentale Ungleichheit der Menschen. Diese Idee existiert seit Aristoteles und wurde von Elitetheoretikern auf die Spitze getrieben, die nur noch zwischen der Masse und der, nach ihrer Meinung, zu recht bevorzugten, elitären Minderheit unterschieden. Die Elitetheorie ist weiterhin Bestandteil heutiger Diskussionen um die Bildungspolitik. Max Weber stilisierte den Elitegedanken zu einem gesinnungsethischen Paradigma. Danach sollte es logischerweise besondere Bildungsmöglichkeiten für die Besten geben. Dies widerspricht jedoch dem Gleichheitsgedanken moderner Verfassungen. Laut dem Grundgesetz darf niemand vom Staat unsachlich bevorzugt oder benachteiligt werden. Was nun unsachlich bedeutet ist politisch nach wie vor heftig umstritten und ungeklärt. [12]

Die Positionen prallen wieder aufeinander wenn es zugespitzt um Gleichheit und Freiheit geht und deren Verhältnis untereinander. „Programmatisch stehen die unterschiedlichen Orientierungen auf der Ebene des Konflikts ‚absolute Gleichheit versus drohende Unfreiheit' oder ‚absolute Freiheit versus wachsende Ungleichheit'."[13] Eine Lösung ist nur auf verantwortungsethischer Ebene zu erwarten, wenn die Folgen der Prinzipien betrachtet werden.

---

[10] Ebd., S. 201
[11] Vgl. Ebd., S. 199 ff.
[12] Vgl. Ebd., S. 202-203
[13] Ebd. S. 204

Hinter dem Begriff Chancengerechtigkeit steckt jedoch , ebenso wenig wie hinter Chancengleichheit, keine absolute Forderung, sondern er bleibt politisch ausformulierbar. Solche Formulierungen fordern besondere charakterliche Eignung und ähnliches, was wenn man es zuspitzt wieder der Ruf nach der Elite ist.[14]

2.3 Konzeptionen zur Bildungsfähigkeit und des Schulsystems

Die Unterschiede zwischen den Sichtweisen werden besonders deutlich, wenn die verschiedenen Ansätze zur Begabung bzw. Bildungsfähigkeit betrachtet werden. SPD und Grüne verwenden den dynamischen Bildungsbegriff, dieser betont die Möglichkeit, Fähigkeiten durch pädagogische Maßnahmen fördern zu können. Damit wird ein bedeutender Einfluss auf die Lebenschancen einkalkuliert.

CDU und FDP bevorzugen, wie bereits gesehen, eine statische Interpretation. Dies stellt die genetische festgelegten Unterschiede in den Vordergrund und verneint eine weitgehende Entwicklungsmöglichkeit von Fähigkeiten.[15]

Aus der Verbindung von normativen Orientierungsmustern und Fähigkeitskonzeptionen folgen Überlegungen zur Struktur des Bildungssystems. „Mit sozialstaatlicher Orientierung, Chancengleichheit und dynamischen Bildungsbegriff, wird die Forderung nach einem offenen, differenzierten Schulsystem verbunden, ..."[16] Hier soll individualisiert und differenziert werden, heterogene Lerngruppen und gemeinsame Entwicklung werden bevorzugt, die Auslese in getrennten Schulformen soll vermieden werden.

Verfechter der konservativen Richtung der Chancengerechtigkeit, der rechtstaatlichen Orientierung und des statischen Bildungsbegriffes möchten am traditionell hergebrachten Modell des gegliederten Schulsystems festhalten. Es wird eine getrennte Entwicklung in relativ homogenen Lerngruppen angestrebt.[17] „ Die in diesem System nicht auffangbaren Lernprobleme werden als ‚Schulversagen' deklariert und durch Abschulung auf einen anderen Schulzweig gelöst."[18]

Es bleibt bei dem Konflikt zwischen Gleichheit und Gerechtigkeit. Für eine weitere Differenzierung muss die Gerechtigkeit weiter definiert werden. Lernvermögen wird als weiteres Kriterium herangezogen. Nach konservativem Ansatz liegt die Begabung bereits fest, muss also nur noch entsprechend gefördert werden. Dies betont den

---

[14] Vgl. Ebd., S. 204 ff.
[15] Vgl. Ebd., S. 205
[16] Ebd., S. 206
[17] Vgl. Ebd., S. 206
[18] Ebd., S. 206

kognitiven Lernaspekt. Außerdem muss dem Lernvermögen ein Lernwille entsprechen, trifft beides zusammen kann eine Lernchance eingeräumt werden, fehlt eine Voraussetzung ist auch das Scheitern nicht ungerecht. Die Verantwortung ist zwar geteilt, liegt in der Hauptsache aber beim Lernenden. Dies setzt nahezu ideale häusliche Gegebenheiten voraus.

Dieser Ansatz weist einige Problemfelder auf. Zum einen ist die Begabung nicht so weitgehend symmetrisch verteilt, wie dies angenommen wird, zum anderen ist eine starke Betonung des kognitiven Aspekts im Lernprozess zumindest diskussionswürdig. Weiterhin ist auch die Annahme einer heilen, harmonischen Welt in den Elternhäusern unrealistisch. Eher das Gegenteil ist der Fall, Probleme sind die Regel, die vorausgesetzte Harmonie eher die Ausnahme.

Somit wird im gegliederten Schulsystem eine gerechte Schülerzuteilung immer schwieriger. Das geteilte Schulsystem kann auf immer weniger Kinder mehr Rücksicht nehmen. Dadurch droht das eigentlich ‚gerechtere' System nun selbst ungerecht zu werden. Folglich muss auch Chancengerechtigkeit als Grundsatz korrigiert werden, auf verantwortungsethischer Basis.[19]

2.4 Folgerungen für die Diskussion

Das gegliederte Schulsystem verliert langsam seine Legitimation. Die frühe Schullaufbahnentscheidung gerät in die Kritik. Immer mehr Eltern wünschen sich ‚bessere' Abschlüsse für ihre Kinder. Die Hauptschule leidet besonders unter diesem Imageverlust. Im konservativen Lager wird diesen Sachverhalten jedoch keine Rechnung getragen, man versteift sich sogar zusehend in seinen Grundsätzen. Zu einer Annäherung auf Paradigmenebene kann es hier folglich nicht kommen, die Differenz vergrößert sich weiter. Dies kann mithin an der naheliegenden Traditionalität liegen, das Festhalten hat sich verselbstständigt. Es werden mit Institutionen des Bildungssystems, wie dem Gymnasium, mittlerweile fast schon irrationale Werte verbunden, so dass an eine Reform gar nicht zu denken ist. An diesen Positionen wird auch der affektuelle Charakter der Diskussion besonders deutlich. Zweckrationale Gründe spielen jedoch ebenfalls eine Rolle, wenn die Überlegung ist, über das System die eigenen Status- und Aufstiegschancen zu wahren.[20]

---

[19] Vgl. Ebd., S. 207 ff.
[20] Vgl. Ebd., S. 209 ff.

9

Bei den Verfechtern von integrierten Schulformen sind ähnliche Verhaltensweisen zu beobachten. Auch hier wird dem System ein hoher ideeller Wert beigemessen, der ebenso teilweise emotional begründet ist.

Über das Verhältnis zwischen den verschiedenen Kategorien, welche die Gründe des Verhaltens beschreiben, kann keine eindeutige Aussage gemacht werden, so kommt es auf die einzelne Diskussionssituation an, ob Wert- oder Zweckrationalität, Traditionalität oder Emotionalität den Vorrang haben.

Wie bereits erwähnt ist eine Verständigung oder Lösung nur auf verantwortungsethischer Basis zu erwarten. Auf dieser Ebene spielt sich dann auch die politische Auseinandersetzung ab, da die Paradigmen nicht vereinbar sind und auch nur schwer einander näher zubringen sind.[21]

3. Schlussbetrachtung

Nach Betrachtung der Analyse der ethischen Aspekte und Hintergründe der Diskussion, stellen sich nun weitere Fragen. Was für Auswirkungen haben die getroffenen Aussagen, zur normativen Struktur der Positionen? Welche Effekte zeigen sie, insbesondere bei der Politik?

Nach Veröffentlichung der Ergebnisse PISA-Studie ist die Bildungsdiskussion erneut heftig aufgeflammt, es wird heiß miteinander gestritten, neue Konzepte werden gefordert, jedoch ein wirklicher Durchbruch ist noch nicht zu verzeichnen. „Blinde Reformwut greift um sich, jeder versucht den anderen mit einem noch überzeugenderen Konzept zu übertrumpfen. Dabei werden zumeist alte Forderungen wiederholt und in ein neues Gewand gekleidet. PISA ist ein herrliches Alibi, bildungspolitische Ladenhüter wieder anzupreisen."[22] Dieses Beispiel zeigt, wie groß der Einfluss der normativen Paradigmen ist. Es scheint selbst unter klar ersichtlichem Zugzwang nur schwer möglich zu sein, alte Strukturen aufzugeben oder sie zumindest zu überdenken. Die differenten grundlegenden Orientierungsmuster führen zu einer Starrheit der Diskussion. Da jeder Ängste mit der Aufgabe seiner Position verbindet, wagt selten jemand über den Tellerrand zu schauen.

---

[21] Vgl. Ebd., S. 211 ff.
[22] Heike Schmoll: Nicht ohne Bewußtseinsänderung, in: Frankfurter Allgemeine Zeitung, 23.01.2002, Nr. 19 / Seite 1

Institutionelle Hindernisse, wie das Einstimmigkeitsprinzip in der Kultusministerkonferenz behindern Veränderungen zusätzlich.[23] Wer Chancengerechtigkeit propagiert fordert letzten Endes, zugespitzt formuliert, Elitenbildung und hält diese für normativ gerechtfertigt. Vertreter der Chancengleichheit zielen letztendlich auf die Anhebung des unteren gesellschaftlichen Viertels ab. Da diese realen Ziele schon aufgrund ihrer normativen Hintergründe kaum zu vereinbaren sind, bringt die Wirklichkeit wie erkennbar meist nur dürftige Kompromisse hervor. Die auf beiden Seiten herrschende Emotionalität, auf gesinnungsethischer wie auf verantwortungsethischer Basis, verkompliziert den Verständigungsprozess zusätzlich enorm.

Inwieweit vor diesem Hintergrund in Zukunft, ohne wesentliche Änderung der analysierten Ausgangslage, ein effizienter Konsens gefunden werden kann, erscheint fraglich. Wie bitter nötig eine tragfähige und effiziente Reform des Schulwesens ist, zeigen die letzten empirischen Erkenntnisse nur allzu deutlich. Es bleibt zu hoffen, dass zumindest auf verantwortungsethischer Basis ausreichende Fortschritte erzielt werden können, um eine Bildungsreform voranzubringen.

---

[23] Vgl. Ebd.

4. Literaturverzeichnis

Ahrens, Jens-Rainer: Gesinnungs- und verantwortungsethische Dimensionen der Bildungspolitik. Zur normativen Struktur einer anhaltenden Kontroverse, in: Sterbling, Anton (Hrsg.): Zeitgeist und Widerspruch, Hamburg 1993

Reuther, Lutz-Rainer/Muszynski, Bernhard (Hrsg.): Bildungspolitik: Dokumentation und Analyse, Opladen 1980

Schmoll, Heike: Nicht ohne Bewußtseinsänderung, in: Frankfurter Allgemeine Zeitung, 23.01.2002, Nr. 19 / Seite 1